まちごとアジア
ネパール001

はじめてのカトマンズ
ナマステ! カトマンズ
［モノクロノートブック版］

世界の屋根ヒマラヤをのぞむネパールの首都カトマンズ。はるか昔、インド亜大陸によるユーラシア大陸への衝突でヒマラヤが隆起し、そのヒマラヤ南麓にあった湖の水がはけてカトマンズ盆地は形成された。

　地理的にインドとチベットのはざまに位置することから、カトマンズは両者の交易をとりもつことで発展し、チベットからもたらされた塩や乳製品、インドからもたらされた穀物、布製品などがこの街に集まっていた。そうした富でカトマンズ、パタン、バクタプルなどカトマンズ

盆地の都市には、中世以来、王宮や宗教寺院などが建てられ、今なお美しい姿を見せている。

現在、国名として使われているネパールという名前は、長いあいだカトマンズ盆地だけを指す言葉だった。ヒマラヤ南面の丘陵部に暮らす人々にとって、ここは憧れの都会であり、彼らはこの盆地に行くことを今でも「ネパールに行く」と言う。

「アジア城市（まち）案内」制作委員会
まちごとパブリッシング

| まちごとアジア | ネパール 001 |

はじめての
カトマンズ

ナマステ！カトマンズ

Asia City Guide Production
Nepal 001
Nepal
नेपाल

**まちごとアジア
ネパール 001
はじめてのカトマンズ**

Contents

はじめてのカトマンズ ……………… 007

ヒマラヤをのぞむ天空の麓 …………… 013

カトマンズ ……………………………… 019

ダルバール広場鑑賞案内 ……………… 023

カトマンズ城市案内 …………………… 035

カトマンズ郊外城市案内 ……………… 043

パタン …………………………………… 059

パタン城市案内 ………………………… 063

バクタプル ……………………………… 073

バクタプル城市案内 …………………… 077

交わるふたつの文明 …………………… 091

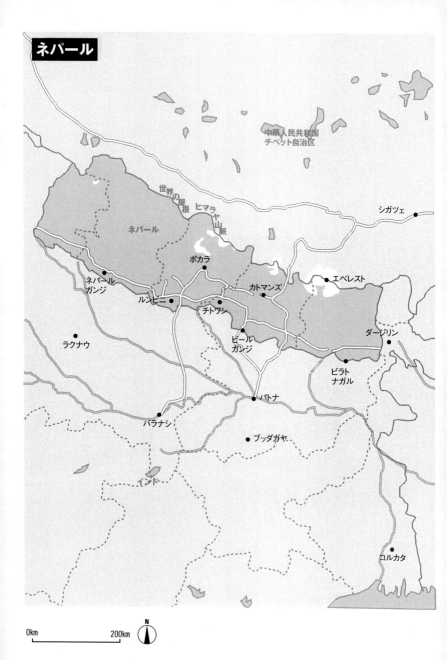

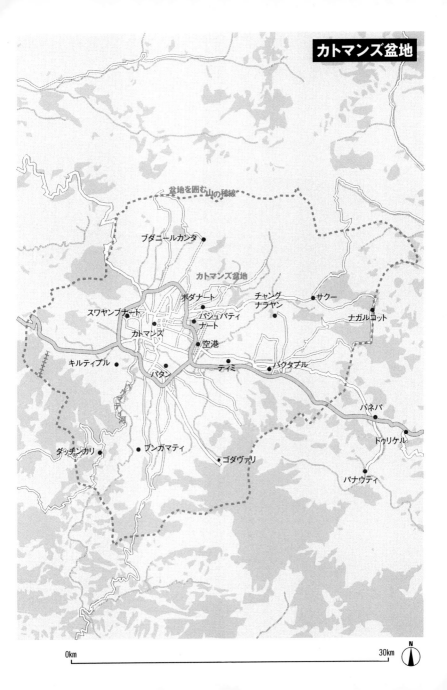

★★★
カトマンズ Kathmandu
ボダナート Boudhanath
パタン Patan
バクタプル Bhaktapur

★★☆
スワヤンブナート Swayambhunath
パシュパティナート Pashupatinath
チャング・ナラヤン Changu Narayan
ナガルコット Nagarkot

Introduction
ヒマラヤをのぞむ天空の麓

8000m級の峰々が連なるヒマラヤ
ネパールはその南麓に開けた山国
美しき自然と山に生きる人々が調和する

第3の極点

　北極、南極に次ぐ「第3の極点」と呼ばれる、地球上でもっとも高い標高8848mのエベレスト。そのエベレストを中心に「世界の屋根」ヒマラヤは東西2500kmにわたって続く。この山脈の中核にあたるネパール・ヒマラヤは、ヒマラヤ全体の3分の1の800kmをしめる（ヒマラヤ主峰、西のカラコルム、ヒンドゥークシュ、北の崑崙山脈、天山山脈、チベット高原などが「大ヒマラヤ」と総称される）。世界にそびえる14座の8000m峰のうち、8座までがネパールに鎮座していて、くわえてその国土には数えきれないほどの7000m峰と6000mを超える峰々がそびえる。

神々が愛でる都邑

　サンスクリット語で「栄光の街(カンティプール)」と呼ばれるネパールの首都カトマンズ（地元のネワール語ではイェン）。この街には精緻に組みあげられた木造の建築、路地裏にひっそりとたたずむ小さな祠などがいくつも残り、インドからもたらされながら、インドではすでに消えてし

ネパールは世界有数の山国、素朴の民が生きる

まった儀礼や祭りが受け継がれている。サンスクリット語経典を詠む僧侶や古代仏教の伝統。ヒンドゥー教と仏教が見事なまでに調和し、カトマンズは「世界でもっとも多くの神様が棲む街」とも言われている。

素朴の民、山国に生きる

　36のジャート(民族)からなる多民族国家ネパール。多様な民族を抱えるネパールの国民性のひとつに山岳民気質があげられる。今でもこの国ではその地形条件から、アスファルト道路の整備が充分ではなく、「険しい山道を自らの足で歩く」「収穫した農産物を天秤棒でかつぐ」といった人々の姿が見られる。このネパール山岳民を代表する人々として、ヒマラヤ登山に欠かせない高山ポーター、シェルパ族、死をも恐れない兵士グルカ兵が知られ、「素朴で忠実、困難な状況でもユーモアを忘れない」山岳民気質をもつという。

日本人にもなじみある木造の楼閣　　世界の屋根ヒマラヤは南極、北極につぐ極点と言われる

Kathmandu
カトマンズ
काठमाडौं

ネパールの中心地として急速に発展が進むカトマンズ盆地。そのなかでもカトマンズは18世紀以来、ゴルカ朝の王宮がおかれ、ネパールの政治、経済、文化を牽引してきた。王宮から伸びるダルバール・マルグとダルバール広場から伸びるニューロードを中心に街はにぎわいを見せている。

　このようなカトマンズの歴史は、街をななめに横切るように走る交易の道からはじまったと言われ、その途上にはダルバール広場、インドラ・チョーク、アサン・チョークなどカトマンズ市民の息づかいを感じられる街並みが残っている。

　ダルバール広場では、インドとは異なる勾配屋根をもったレンガと木材による建築がならび、ネワール様式と呼ばれる独特なたたずまいを見せている。旧王宮を中心にした敷地内に無数の寺院が集まり、ここには信仰に生きるネパール人の姿がある。

Durbar Square
ダルバール広場鑑賞案内

カトマンズの中心に位置するダルバール広場
王宮建築や寺院がならび
中世カトマンズの伝統を今に伝えている

ダルバール広場 ★★★
Durbar Square / दरबार स्क्वायर

　中世カトマンズを支配したマッラ朝時代の王宮がおかれ、20もの寺院がならぶダルバール広場。これらの建築は高い基壇のうえに木とレンガで組まれていて、ネワール建築様式と呼ばれている。もともとマッラ朝の支配者はインドを出自とする王族でカトマンズ盆地へ移住し、13世紀以降、この地で王権を築いた。バクタプルにあった本拠からカトマンズとパタンの王族が独立したことで、三都がならび立つことになり、それぞれの都市は競いあうように建築を建てていった。ダルバールとは「宮廷」を意味することから、パタンやバクタプルにもダルバール広場があり、中世マッラ朝の栄光を今に伝えている（世界遺産に指定されている）。

クマリの館（クマリ・チョーク）★★★
Kumari Chowk कुमारी चोक

　ダルバール広場南側に立つ美しい窓枠をもつレンガ造りのクマリの館。ここは「ネパールの守り神」として信仰を集めるクマリが暮らす場所で、クマリは幼女の姿をし

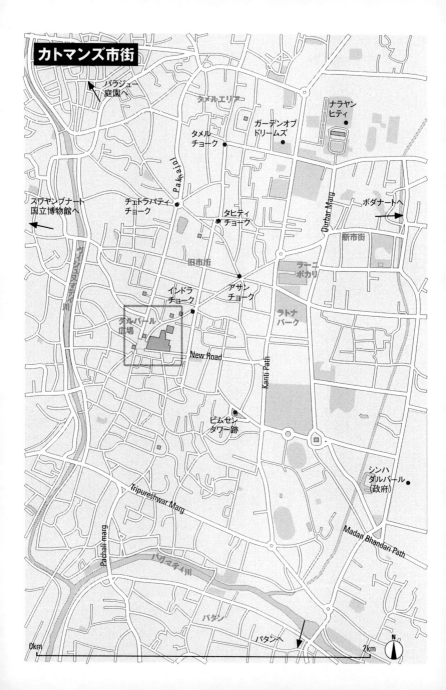

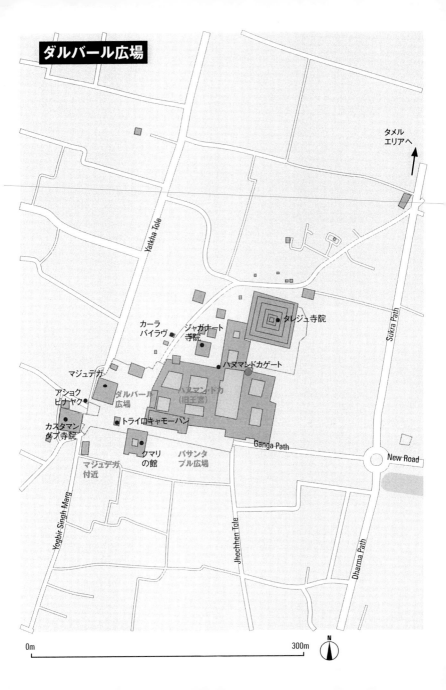

て現れた生き神として信仰され、初潮を迎えると新たなクマリと交代する。クマリの伝統は、中世マッラ朝時代から受け継がれてきたもので、このクマリの館は1757年、マッラ王朝ジャヤプラカーシュ・マッラ王の時代に建てられた。インドラ・ジャトラ、ダサインなど大きな祭り以外に、クマリは外出することはなく、ときおり窓からのぞくクマリが見られる。

カスタマンダプ寺院 ★★☆
Kasthamandap／काष्ठमण्डप

　カトマンズの地名の由来になったと伝えられるカスタマンダプ寺院。「木造の家(休憩所)」を意味し、10世紀には1本の沙羅の木から建てられたという。現在の建物は17世紀前半のもので、1階は吹き抜けになっていて、巡礼者や僧侶などの姿が見られる。

アショク・ビナヤク(ガネーシャ寺) ★☆☆
Ashok Binayak／अशोक विनायक

　カスタマンダプ寺院の北に位置し、商売の神様ガネーシャをまつるアショク・ビナヤク。ガネーシャ神はシヴァ

★★★
ダルバール広場 Durbar Square
クマリの館（クマリ・チョーク） Kumari Chowk
旧王宮ハヌマン・ドカ Hanuman Dhoka

★★☆
カスタマンダプ寺院 Kasthamandap
マジュ・デガ（シヴァ寺院） Maju Dega
カーラ・バイラヴ Kala Bairav
タレジュ寺院 Taleju Mandir

★☆☆
アショク・ビナヤク（ガネーシャ寺） Ashok Binayak
ハヌマン・ドカ・ゲート Hanuman Dhoka Gate
ニュー・ロード New Road

王宮建築はネワール建築の白眉

最初期には1本の木でつくられたというカスタマンダプ寺

シヴァ神をまつったマジュ・デガ

ダルバール広場にはいくつもの寺院や祠が集まる

元気なネパールの子どもたち

神とパールヴァティー女神の子どもで象頭の姿をしている。このあたりはいつもにぎわっている。

マジュ・デガ（シヴァ寺院） ★★☆
Maju Dega　माजु देवल

　ダルバール広場中央に立ち一際強い存在感を見せるマジュ・デガ。9段のレンガ製基壇にネワール様式の三重塔が載っていて、なかにはシヴァ神そのものと信じられるシヴァ・リンガ（男性器）がまつられている。「義理の母の寺（マジュ・デガ）」という名前は、17世紀末のマッラ王朝時代に、バクタプルの皇太后によって建てられたことにちなむ。

トライロキャ・モーハン ★☆☆
Trailokya Mohan　त्रैलोक्य मोहन

　クマリの館の近くに立つトライロキャ・モーハン。ヴィシュヌ神の化身ナラヤンがまつられていて、寺院の西側にはひざまずいて祈るガルーダ像（ヴィシュヌ神の乗りもの）がおかれている。五層からなるこのネワール建築は17世紀末、パールティベントラ・マッラ王によって建てられた。

カーラ・バイラヴ ★★☆
Kala Bairav　काल भैरबर

　カーラ・バイラヴはシヴァ神の怒りに満ちた状態の恐怖の神様。がいこつの冠をいただき、6本の腕には刀や生首をたずさえ、死体を踏みつけている。このカーラ・バイラヴの前で「嘘をつくと即座に死んでしまう」と言われ、

かつてはこの像の前に容疑者を連れてきて罪を白状させたという。

タレジュ寺院 ★★☆
Taleju Mandir／तलेजु मन्दिर

　旧王宮の北東にそびえるタレジュ寺院。周囲に4基の小寺院、さらに12基の小寺院が配された曼荼羅形式をもつ。中央の大寺院は12段の基壇のうえに立ち、その高さは35mにもなる。ここにはマッラ朝の守護神であるタレジュ女神がまつられ、16世紀に造営されて現在にいたる。ダルバール広場のなかでも神聖な場所で、インドラ・ジャトラのとき、ヒンドゥー教徒のみ入ることができる。

旧王宮ハヌマン・ドカ ★★★
Hanuman Dhoka／हनुमान ढोका

　ダルバール広場中央に立つ旧王宮ハヌマン・ドカ。中世のマッラ朝時代に王族が暮らしていたところで、以来それぞれの時代に増改築が繰り返されたため、いびつなかたちとなっている。チョークと呼ばれるロの字型建築を残すほか、マヘンドラ博物館、トリブヴァン博物館などが併設され、王族ゆかりの品々が見られる。王宮内のロアン・チョークの四方には重層の塔がのるが、これらは中世マッラ朝から18世紀にゴルカ朝へと政権がうつったときに建てられたもので、もっとも高いバサンタプル・バワン（カトマンズ）がパタンやバクタプル（それぞれバワンの名前となっている）より一際高いことを示すのだという。

サフラン色の衣装をまとった巡礼者

ハヌマン・ドカ・ゲート★☆☆

Hanuman Dhoka Gate／हनुमान ढोका गेट

　旧王宮の正門にあたるハヌマン・ドカ・ゲート。この門のそばに立つ神猿ハヌマン像から名前がとられ、王宮全体がハヌマン・ドカと呼ばれるようになった。

Kathmandu
カトマンズ城市案内

ダルバール広場の北側に広がる古い街並み
細い路地を歩けば小さな祠や寺院が見られる
古さと新しさが共存するネパールの首都

インドラ・チョーク ★★☆
Indra Chowk　इन्द्र चोक

　ダルバール広場から交易の道を北東に進んだところに位置するインドラ・チョーク。あふれんばかりの人が行き交い、木製の格子窓をもつレンガ造りのネワール建築、生活必需品、土産物などを売る店がならぶ。このチョークに面してシヴァ神の化身アカシュ・バイラブがまつられたアカシュ・バイラブ寺院が立つ。

セト・マチェンドラナート寺院 ★☆☆
Seto Machhehdranath Mandir／सेतो मछेन्द्रनाथ मन्दिर

　インドラ・チョークの北東に立つセト・マチェンドラナート寺院。パタンのラト・マチェンドラナートと対応される関係で、雨と収穫の神をまつるパタンに対して、こちらのセト・マチェンドラナートの神は心と精神をつかさどるという。いつも多くの巡礼者でにぎわっている。

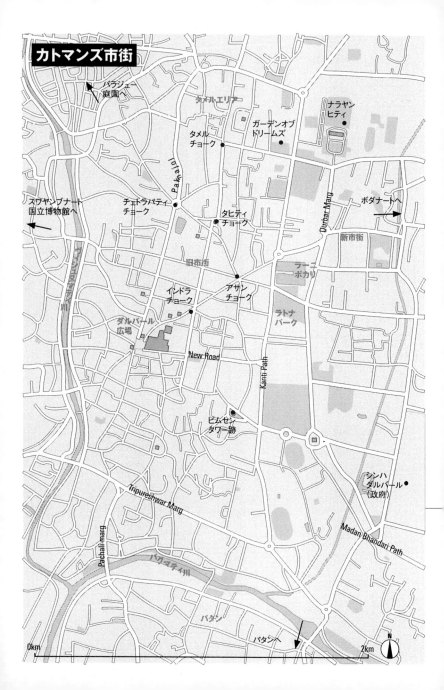

アサン・チョーク ★★☆
Asan Chowk／असन चोक

インドラ・チョークからさらに北東に位置するアサン・チョーク。このあたりは古くから交易で栄えたところで、今なおその面影を伝える。とくに朝市では、近郊の農村でとれた新鮮な野菜、穀物、岩塩、川魚などがならび、カトマンズ盆地の生活ぶりを垣間見られる。

タメル・エリア(地区) ★★☆
Thamel Area／ठमेल

ダルバール広場の北側に位置するタメル地区。安宿、レストラン、旅行会社などが集まる旅行者街となっている。中心にはタメル・チョークがあり、ダルバール広場に向かって歩くときの起点となる。

ニュー・ロード ★☆☆
New Road／नयाँ सडक

カトマンズ市街を東西に走る目抜き通りニュー・ロード。ダルバール広場からラトナ・パークへと続いており、カトマンズの中心にあたる。

★★★
ダルバール広場 *Durbar Square*
★★☆
インドラ・チョーク *Indra Chowk*
アサン・チョーク *Asan Chowk*
タメル・エリア(地区) *Thamel Area*
★☆☆
ニュー・ロード *New Road*
ビムセン・タワー *Bhimsen Tower*
ラトナ・パーク *Ratna Park*
ラーニ・ポカリ *Rani Pokhari*
ナラヤン・ヒティ *Narayan Hiti*

ビムセン・タワー公園 ★☆☆
Bhimsen Tower Park／धरहरार

　かつてカトマンズ随一の高さを誇った52mの真っ白なビムセン・タワー跡に整備されたビムセン・タワー公園。1832年、当時の首相ビムセン・タパによって造営されたカトマンズで最初の西欧風宮殿の一部だったが、2015年の地震で倒壊した（当時は、ラナ家がゴルカ王家に代わって政治を行なった時代で、親イギリスの立場がとられた）。

ラトナ・パーク ★☆☆
Ratna Park／रत्न पार्कर

　ラーニ・ポカリの南側に広がるラトナ・パーク。中世、カトマンズに都を開いたラトナ王の名前がつけられていて、カトマンズ市民の憩いの場となっている。

ラーニ・ポカリ ★☆☆
Rani Pokhari／रानी पोखरी

　ダルバール広場北東に位置するラーニ・ポカリ。三都マッラ朝時代の17世紀、インドのバラナシ、ムルティヤ、バラーハ・チェトラ、ゴサインクンドなど聖地の水が運び込まれて完成し、池の中央にはシヴァ寺院が立つ。

ナラヤン・ヒティ ★☆☆
Narayan Hiti／नारायणहिटी दरबार संग्रहालय

　ナラヤン・ヒティは1768年から2008年までネパールを統治したゴルカ王朝の宮殿跡。中世のマッラ朝時代からカトマンズの王宮はダルバール広場にあったが、1896年にこの地に移された。現在は博物館として開館している。

細い路地が網の目のように広がるカトマンズ市街

国立博物館★★☆
National Museum ／राष्ट्रिय संग्रहालय

　彫刻や仏像、曼荼羅など幅広いネパール芸術の展示が見られる国立博物館。マヤ夫人の右わき腹から生まれる『ブッダの誕生』(9世紀)、チャング・ナラヤンから出土したヴィシュヌ神の人獅子の化身『ヌリシンハ像』(8世紀)や『ヴィシュヴァルーパヴィシュヌ』(9世紀)、ネパール仏教でとくに信仰されている、あらゆる人々を救済するという『不空羂索観自在立像』(19世紀)、200以上の仏がならぶ『法界曼荼羅』、密教の仏『転法輪大日如来坐像』や『不空成就如来像』、5世紀のリッチャヴィ朝時代にさかのぼる『世界を3歩でまたぐヴィシュヌ』などの美術品がとくに知られる。

バラジュー庭園★☆☆
Balaju Water Garden／बालाजु उद्यान

　季節の花が咲き、芝生でくつろぐ人々の姿があるバラジュー庭園。バイースィ・ダーラ(22の水汲み場)と呼ばれる龍のかたちをした蛇口が見られる。

多くの巡礼者を集めるセト・マチェンドラナート寺院

カトマンズで出逢った家族

雑誌や数珠、びっしりと埋まる売店の軒先

Around Kathmandu
カトマンズ郊外城市案内

小高い丘にそびえるスワヤンブナート
チベット仏教聖地ボダナート、バグマティ河畔のパシュパティナート
カトマンズを囲むように聖地が点在する

スワヤンブナート ★★☆
Swayambhunath स्वयम्भूनाथ

　カトマンズ盆地を広く見渡せる丘のうえに立つネパール仏教聖地スワヤンブナート。スワヤンブーとは「万物の創造者(大日如来)」を意味し、この地に立つストゥーパがネパールにあるすべての根源的な存在だと考えられている。ストゥーパに描かれた印象的なブッダ・アイから「目玉寺」の愛称をもち、ネパール仏教徒だけでなく、ヒンドゥー教徒やチベット仏教徒も巡礼に訪れている。寺院の建立は4〜5世紀ごろにさかのぼると伝えられ、13世紀以降に現在の姿となった。

カトマンズ盆地創世神話

　カトマンズが古く湖の底にあった時代、スワヤンブナートは島だったと言われ、顕現した大日如来を求めて、中国山西省から文殊菩薩が訪れた場所だと伝えられる。文殊菩薩は利剣で山を切り、湖の水が流れて出たことでカトマンズ盆地が形成されたという。このような伝説に彩られたカトマンズ盆地は、実際にインド亜大陸のユーラシア大陸への衝突によるヒマラヤ隆起の過程で古カ

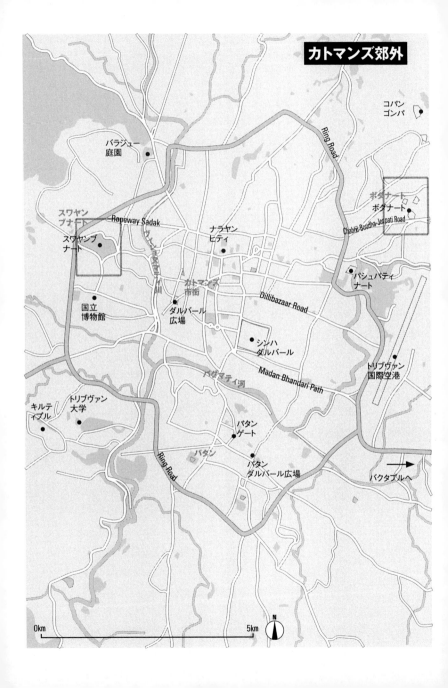

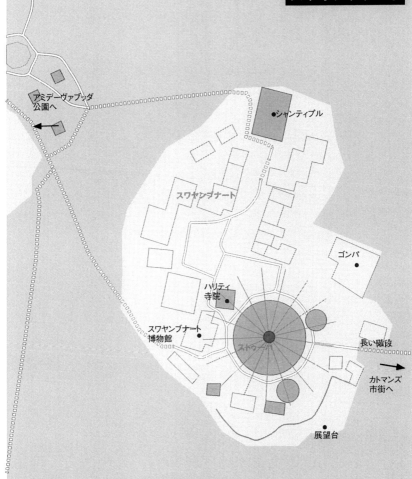

トマンズ湖が生成されたと見られている。また今から約6000年前に文殊菩薩が利剣で切ったとされるチョバール付近の活断層の活動で水が流れ出したという地質学の調査もあるという。

ネパール仏教寺院スワヤンブナート

長い階段を登り切ったところに立つスワヤンブナートのストゥーパ。ストゥーパを中心にマニ車、聖者シャーンティカラ・アーチャーリヤが棲むというシャンティプル、ハリティ（鬼子母神）寺院、仏具などが展示されたスワヤンブナート博物館などが見られる。盆地の底部からの高さは80mにもなり、この山には多くの猿が生息することから、モンキー・テンプルとも呼ばれている。

★★★
ダルバール広場 Durbar Square
ボダナート Boudhanath
パタン Patan
パタンダルバール広場 Durbar Square
★★☆
スワヤンブナート Swayambhunath
パシュパティナート Pashupatinath
国立博物館 National Museum
★☆☆
バラジュー庭園 Balaju Water Garden
ナラヤン・ヒティ Narayan Hiti

目玉寺の愛称で親しまれるスワヤンブナートのストゥーパ

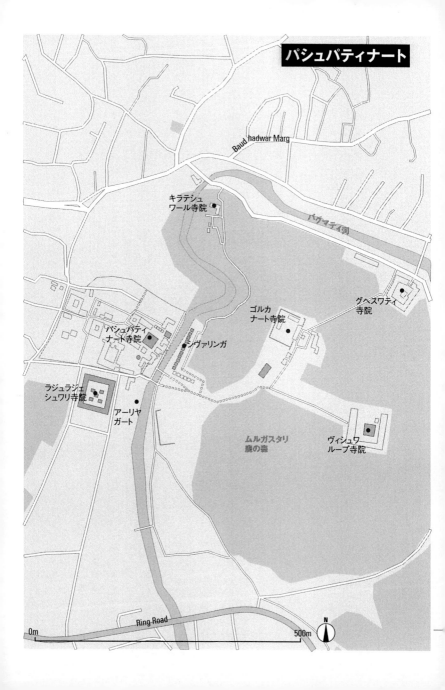

パシュパティナート ★★☆
Pashupatinath पशुपती नाथ मन्दिर

　ネパールでもっとも聖性の高いバグマティ河のほとりに開けたヒンドゥー聖地パシュパティナート。シヴァ神の化身である獣神パシュパティが棲むと言われ、古くからネパール王朝の信仰を受けてきた。ガンジス河に注ぐバグマティ河の岸辺には、ガートと呼ばれる沐浴場があり、沐浴する人々のほか、火葬され荼毘にふされる遺体などが見られる。

沐浴と火葬

　ネパールでは、バグマティ河の水で沐浴すればあらゆる罪や穢れが洗い流されると信じられている。水への信仰は有史以前から南アジアで見られたもので、とくにガンジス河とその支流の聖性が高くなっている。またここで火葬し、遺灰をバグマティ河に流すと、その人の魂はガンジス河を経て天界へと行き、二度と輪廻することはないのだという(ヒンドゥー教ではこの世は苦しみと見られ、人の魂は幾度となく輪廻転生するが、解脱すればこの世に生まれることなく天界へ召されると信じられている)。

ネパール最高のヒンドゥー聖地

　パシュパティナートがネパール最高のヒンドゥー聖地と見られるのは、この地がガンジス河にそそぐバグマ

バグマティ河にのぞむ聖地パシュパティナート

スワヤンブナートの山麓、ここから長い階段が伸びる

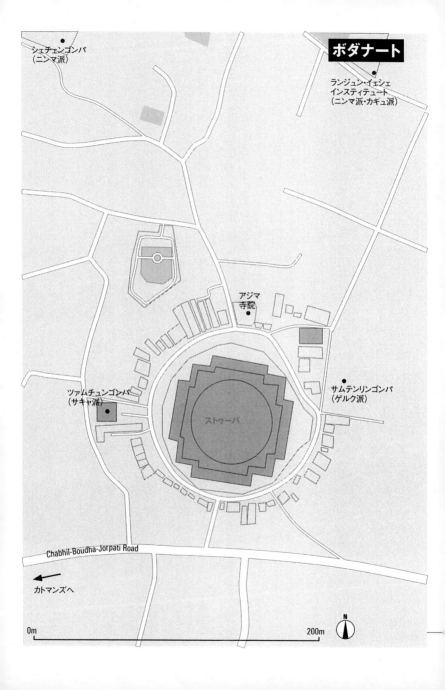

ティ河のほとりにあるばかりでなく、古くから地下の天然ガスが自然に燃えさかり、人々に畏敬の念をもって見られてきたことによる。かつてネパール王は重要な行事にあたって、パシュパティナート寺院に礼拝し、インドからバラモンを呼んで祭祀が行なわれていた。

聖地で見られる寺院群

　パシュパティ神のまつられたパシュパティナート寺院(異教徒は立ち入ることができない)の対岸には、シヴァ神そのものであるリンガ(男性器)がならぶ。またバグマティ河の東岸に広がるムルガスタリ鹿の森は、鹿の姿(パシュパティ神)でシヴァ神が現れた場所だとされ、ネパール最古の王朝を築いたと伝えられるキラータ族の姿をしたシヴァ神のまつられたキラテシュワール寺院、シヴァ神の配偶神サティ女神がまつられたグヘスワティ寺院などが立つ。

ボダナート ★★★
Boudhanath／बौद्ध नाथ मन्दिर

　カトマンズからラサへ向かう途上に位置するチベット仏教聖地ボダナート。赤、青、黄、緑、白といった色とりどりのタルチョがはためくなか、その中心には巨大なストゥーパが立つ。ストゥーパには四方を見渡すというブッダ・アイが描かれ、ここから曼荼羅のように十字形の基壇、円の巡礼路が広がっている。このボダナート一帯にはチベット仏教徒が多く暮らし、宿坊やゴンパ(チベット仏教寺院)などがならぶ。

ネパールでのチベット仏教聖地

インドとチベットの交易をとりもつことで発展してきたカトマンズ。古くからボダナートにはチベット人の姿があったが、とくに1959年のチベット動乱(中国によるチベットの実質的な併合)以後、ネパールへ亡命した多くのチベット人がこの地に暮らすようになった。ここでは赤い袈裟を身にまとったチベット仏教僧、はためくタルチョやマニ車、五体投地をする人などリトル・チベットとも呼ばれる世界が見られる。

チベット仏教とは

紀元前5世紀ごろ、インドで生まれた仏教は、長い時間をかけて大乗仏教や密教などへ教義を発展させていった。しかしインドではヒンドゥー教に吸収されたり、イスラム勢力の侵入でその伝統はついえ、インド仏教の伝統やサンスクリット文化はヒマラヤを越えてチベットに受け継がれることになった。チベット仏教の特徴のひとつが、幾何学的に諸仏を配置した曼荼羅をもちいることで、視覚的に仏教(密教)の宇宙観が示されている。ボダナートはこの曼荼羅が立体で表現されていて、ストゥーパを中心とするこの一帯が曼荼羅構造をもつのだという。

スワヤンブナートの山麓、ここから長い階段が伸びる

ネパール仏教とチベット仏教、ふたつの仏教の伝統が息づく

ネパール仏教とチベット仏教、ふたつの仏教の伝統が息

どこまでも伸びる髪の毛、俗世との関わりを断つヒンドゥー聖者

Patan
パタン
पाटन

サンスクリット語で「美の都(ラリトプル)」を意味する古都パタン。バグマティ河をはさんでカトマンズの南に位置するこの都には、レンガや木材、石で組まれた建築が残るダルバール広場、長い伝統をもつ仏教僧院が残る。

パタンには、サキヤと呼ばれるネワール族の仏教徒カーストがいて、彼らはネワール建築や伝統工芸を今に伝えてきた。サキヤ・カーストはコーサラ国に滅ぼされた釈迦族の一派がこの盆地に逃れてきたとも言われ、仏教

集団がこの地に拠点を構えたことでパタンの歴史ははじまったとも伝えられる。

中世、カトマンズ、バクタプルといった都市国家と競いあうようにパタンには王宮建築、宗教寺院がならぶようになった。街の中心に位置するパタンのダルバール広場はカトマンズ盆地でもっとも美しいとたたえられている。

Patan
パタン城市案内

赤色で彩られた美しきパタン王宮
その周囲にはダルバール広場をとり囲むように寺院が立つ
ネワール族の息づかいを伝える古都パタンを歩く

ダルバール広場 ★★★
Durbar Square / पाटन दरबार स्क्वायर

　ダルバール広場は中世、都市国家パタンの中心だったところで、南北に伸びる一本の両側に王宮建築と宗教寺院がならぶ。これらは王宮があった場所に、17世紀のパタン・マッラ朝時代、シッディ・ナラシンハ王が整備したことで現在の姿となった。カトマンズのダルバール広場にくらべてもマッラ朝時代の面影をよく伝えている。またこの広場はマンガール(中心の)・バザールとも呼ばれ、広場には穀物や野菜などの食材、雑貨や工芸品などを売る市が立つ。

ビムセン寺院 ★☆☆
Bhimsen Mandir　भीमसेन मन्दिर

　ダルバール広場北の入口近くに立つビムセン寺院。シヴァ神の獰猛な姿であるビムセン神がまつられていて、パタンのネワール人からは商業の神様として信仰されている。

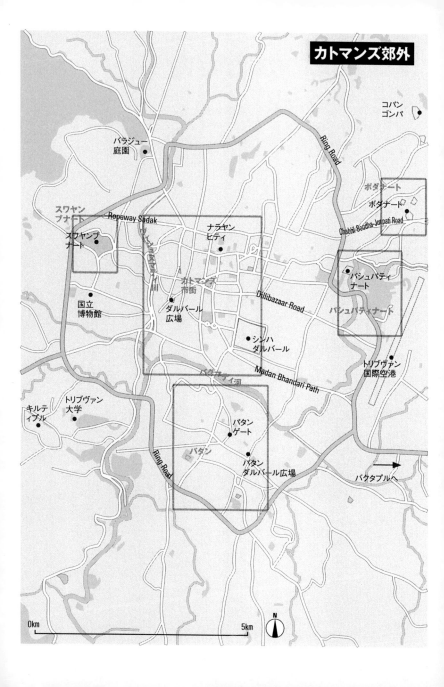

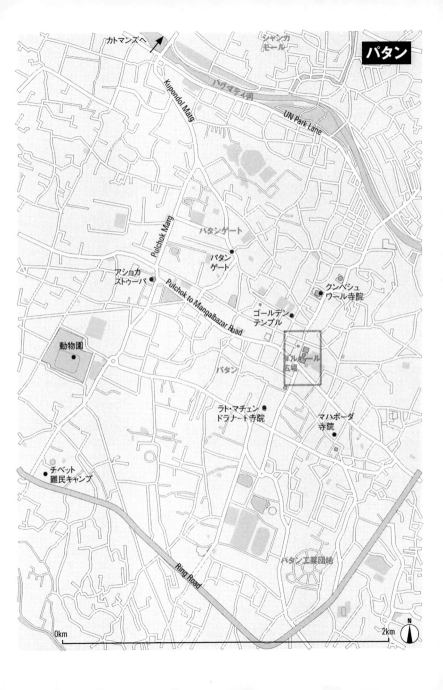

クリシュナ寺院（シッカーラ） ★☆☆
Krishna Mandir／कृष्ण मन्दिर

　パタンの建築のなかでも柱や壁面にほどこされた彫刻の美しさで知られるクリシュナ寺院。インドのシッカーラ様式（ヒマラヤの峰々が表現された）となっていて、17世紀のパタン・マッラ朝時代に、シッディ・ナラシンハ王の命で建てられた。クリシュナ神のほかにも、シヴァ神、ヴィシュヌ神、ブッダなど宗派を超えた神々がまつられていて、シッディ・ナラシンハ王の宗教的寛容さが現れているという。

★★★
パタンダルバール広場 *Durbar Square*
カトマンズダルバール広場 *Durbar Square*
ボダナート *Boudhanath*

★★☆
ゴールデン・テンプル（クワ・バハ） *Golden Temple*
クンベシュワール寺院 *Kumbeshwar Mandir*
スワヤンブナート *Swayambhunath*
パシュパティナート *Pashupatinath*
国立博物館 *National Museum*

★☆☆
マハボーダ寺院 *Mahabouddha Mandir*
ラト・マチェンドラナート寺院 *Machhendranath Mandir*
動物園 *Zoo*
バラジュー庭園 *Balaju Water Garden*
ナラヤン・ヒティ *Narayan Hiti*

三都のなかでもっとも美しいというパタンのダルバール広場

街のいたるところで信仰が息づく

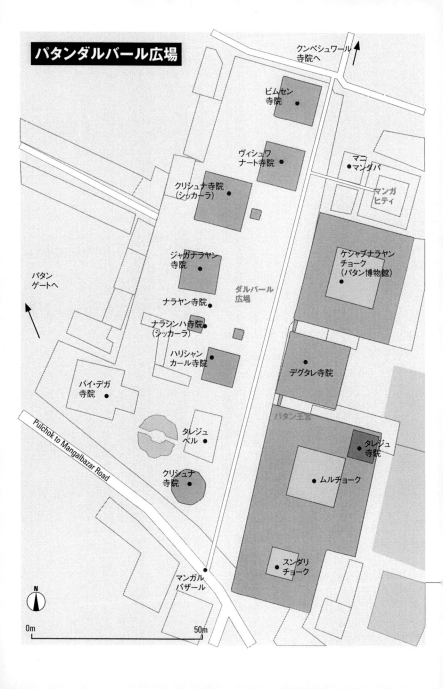

パタン王宮 ★★★
Royal Palace／पाटन दरबार

　パタンのダルバール広場に立つ宗教寺院は、すべて王宮に向かうように建てられていて、ここは中世パタンの統治者であったマッラ王族が暮らす宮殿だった。このパタン王宮はチョークと呼ばれるロの字型建築が組みあわされるように展開するほか、タレジュ寺院やデグタレジュ寺院などの王族の守護神がまつられた寺院、パタン博物館などが併設されている。もともとマッラ王族は、バクタプルを出自とし、そこからカトマンズ、パタンへと分離独立したため、チョーク名や王族を守護する寺院名などで共通点が見られる。

ゴールデン・テンプル（クワ・バハ）★★☆
Golden Temple／हिरण्यवर्ण महाविहार

　ダルバール広場北側の地域はネワール人仏教徒が多く住むところで、ゴールデン・テンプルはそれらの人々の信仰を集めるカトマンズ盆地を代表する仏教寺院。この寺院の正式名称はクワ・バハと言い、12世紀、スワヤンブナート(ネパール仏教聖地)にまで行かなくても仏のご利益を受けられるように建立された。寺院全体が金色に輝いているところから、ゴールデン・テンプルの愛称で親しまれている。

★★★
ダルバール広場 Durbar Square
パタン王宮 Royal Palace

★☆☆
ビムセン寺院 Bhimsen Mandir
クリシュナ寺院（シッカーラ） Krishna Mandir

クンベシュワール寺院 ★★☆
Kumbeshwar Mandir कुम्भेश्वर महादेव मन्दिर

　細く美しい塔身をもつ五重塔クンベシュワール寺院。1392年、ジャヤシッディ王の時代にこの寺院が建立され、当時は二層の寺院だったが、17世紀になって上部の建物がくわえられた。パタンを代表する寺院になっている。

マハボーダ寺院 ★☆☆
Mahabouddha Mandir महाबुद्ध मन्दिर

　ブッダが悟りを開いた聖地ブッダガヤに立つマハーボディ寺院をもして建てられたパタンのマハボーダ寺院。16世紀にネパールの建築家がブッダガヤに巡礼し、そこで感銘を受けてパタンにも同様のプランの寺院が建てられることになったという。寺院壁面には9000体と言われる仏像が彫られていて、ネワール職人の工芸の技が光る。

ラト・マチェンドラナート寺院 ★☆☆
Machhendranath Mandir रातो मछेन्द्रनाथ मन्दिर

　カトマンズ盆地に生きる農民を中心に信仰を集めるラト・マチェンドラナート寺院。雨と豊穣の女神がまつられていて、ヒンドゥー教徒、仏教徒問わず巡礼する人々の姿が見られる。15世紀に建てられたが、現在の建物は1673年に改修されたもの。カトマンズにあるセト(白い)・マチェンドラナートと区別して、ラト(赤い)・マチェンドラナートと呼ばれる。

動物園 ★☆☆
Zoo / चिडियाखाना

　パタン西部のジャワラケルにある動物園。動物園はネパールではめずらしく、象の背中に乗って敷地内を散歩できる。またインド・サイやトラなどが見られる。

Bhaktapur
パクタプル
भक्तपुर

中世以来(13〜18世紀)、カトマンズ盆地に美しい建築や文化を咲き誇らせたマッラ朝。そのマッラ朝の本拠とも言えるのがバクタプルで、カトマンズやパタンといった都市国家はバクタプルの王族が独立することで形成された。

中世、北インドから移住してきたマッラ王族が伝えるサンスクリット文化と、この地で暮らすネワール族の工芸技術が見事なまでに調和し、美しい建築群が生み出されることになった。バクタプルでは精緻な衣装がほどこされた窓枠や木彫りの方杖、3階建てのネワール式住宅などが見られ、この地土着のネワール文化を感じられる。

18世紀になってカトマンズ盆地は盆地外からの勢力ゴルカ朝に征服され、以後、ネパールの都はカトマンズにおかれることになった。そのため首都から離れたバクタプルでは中世以来の街並みが保存されることになり、街自体が博物館のようなたたずまいをしている。

Bhaktapur
バクタプル城市案内

中世ネパールの面影を残す街バクタプル
木彫りとレンガによる
ネワール建築が連なる

ダルバール広場 ★★★
Durbar Square / भक्तपुर दरबार स्क्वायर

　中世、バクタプルの王宮がおかれていたダルバール広場。王宮を中心にブパティーンドラ王の石柱、ネパールでパシュパティ神をまつるヤクシェシュヴァラ(パシュパティ)寺院はじめ、ネワール建築とインドのシッカーラ様式の寺院がずらりとならんでいる。

バクタプル旧王宮 ★★★
Royal Palace भक्तपुर दरबार

　15世紀、三都に分裂する以前のマッラ王朝最後のヤクシャ・マッラ王の時代に建てられたバクタプルの旧王宮。その後、増改築が繰り返され、現在の姿となった。精緻な彫刻がほどこされたゴールデン・ゲートからなかに入り、ネワール建築の傑作のひとつにあげられる55窓の宮殿、ネワール工芸品が展示されたバクタプル国立美術館、タレジュ女神がまつられたクマリ・チョーク、王族が沐浴に使ったナーガ・ポカリなどが見られる。カトマンズやパタンの王宮にくらべて、こぢんまりとした印象を受ける。

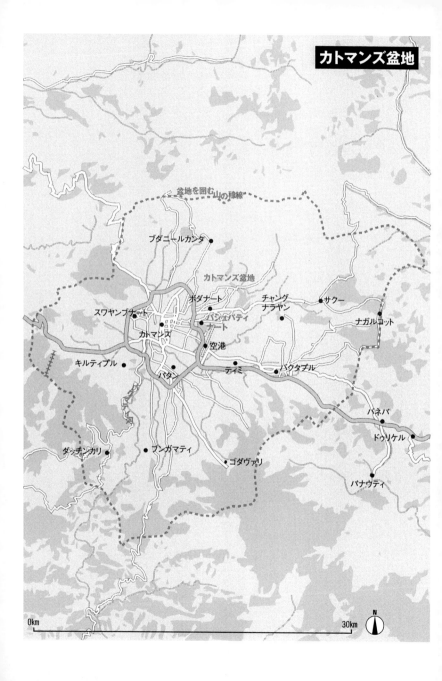

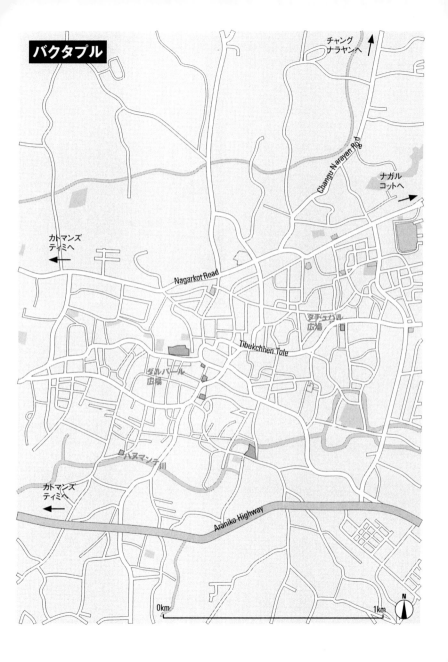

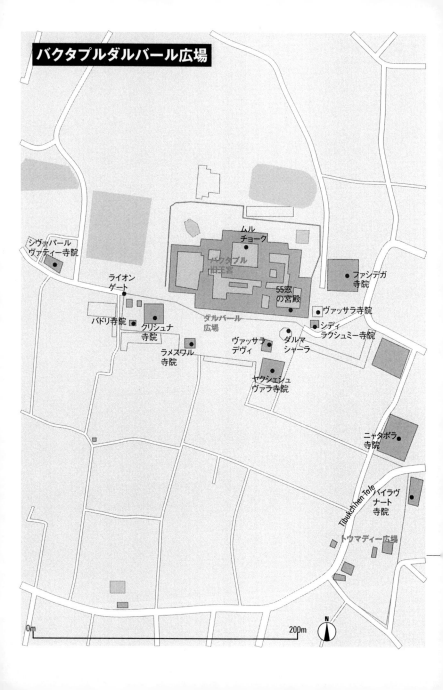

トウマディー広場 ★☆☆
Taumadhi Square／टौमडी

　ダルバール広場南東に位置するトウマディー広場。ニャタポラ寺院、バイラヴナート寺院などの寺院が立つ。この広場はバクタプルの中心とも言える場所で、この街でもっとも高い場所に位置する。

ニャタポラ寺院 ★★☆
Nyatapola Mandir／न्यातपोल मन्दिर

　カトマンズ盆地を代表する建築ニャタポラ寺院。1702年に建てられ、五層30mの高さを誇る。この寺院には向かいにまつられたバイラヴ神(シヴァ神の怒りの姿)をなだめる役目があると言われる。寺院の正面基壇には、下から順に戦士、象、獅子、グリフィン、女神といった一対の守護像が配置されている。

バイラヴナート寺院 ★★☆
Bhairavnath Mandir　भैरवनाथ मन्दिर

　バクタプルでもっとも多くの巡礼者を集めるバイラヴナート寺院。シヴァ神の恐ろしい姿であるバイラヴ神がまつられ、バクタプルでもっとも大きな祭ビスケット・ジャトラではこの寺院から山車が巡行する。17世紀のマッラ朝時代に建てられ、その後、改築されて現在にいたる。

★★★
ダルバール広場 Durbar Square
バクタプル旧王宮 Royal Palace
★★☆
ニャタポラ寺院 Nyatapola Mandir
バイラヴナート寺院 Bhairavnath Mandir
★☆☆
トウマディー広場 Taumadhi Square

バクタプルのダルバール広場

タチュパル広場に立つダッタトレイヤ寺院

ティブチェン・トール ★☆☆
Tibukchhen Tole／तिबुक्छेँ टोल

　トウマディー広場からタチュパル広場へと伸びる石畳の道ティブチェン・トール。蛇行しながら続く道の両脇には、マッラ朝時代から残るレンガと木で組まれたカトマンズ盆地独特の光景が見られる。

タチュパル広場 ★☆☆
Tachupal Square／तचपाल

　タチュパル広場は、チベットとインドを結ぶ交易の道沿いに自然と形成された古い広場。15世紀になってトウマディー広場やダルバール広場に中心が移る以前、バクタプルの中心だった。広場にはダッタトラヤ寺院、孔雀の窓、しんちゅう青銅美術館などがある。

ダッタトレイヤ寺院 ★★☆
Dattatraya Mandir／दत्तात्रय मन्दिर

　タチュパル広場の中央に立つダッタトレイヤ寺院。15世紀のヤクシャ・マッラ王の時代に建てられ、ヴィシュヌ派、シヴァ派、仏教などの異なる宗派を公平にあつかった王の想いを映すように、ブラフマー神、シヴァ神、ヴィシュヌ神が一体となった姿とされる伝説の哲人ダッタトレイヤがまつられた。15世紀当時は、カトマンズのカシュタマンダパ寺院と同じく、1本の木からつくられていたと言われ、現在のものはその後、建てなおされたもの。寺院

★★☆
ダッタトレイヤ寺院 *Dattatraya Mandir*
プジャリ・マート(木彫り美術館) *Pujari Math*

★☆☆
ティブチェン・トール *Tibukchhen Tole*
タチュパル広場 *Tachupal Square*

五層高さ30mのニャタポラ寺院

プジャリ・マートの「孔雀の窓」

ナガルコットではトレッキングを楽しめる

素足の子どもたちに出逢えた

正面には鳥人像を載せた塔が見られる。

プジャリ・マート（木彫り美術館） ★★☆
Pujari Math／काष्ठकला सङ्ग्रयहालय

ネワール彫刻の最高傑作とされる木彫りの「孔雀の窓」が見られるプジャリ・マート（木彫り美術館）。タチュパル広場に面した外壁の一角に、羽を広げた孔雀のまわりに精緻な彫刻がほどこされている。なかは木彫り美術館となっていて伝統的なネワール建築様式が見られる。

チャング・ナラヤン ★★☆
Changu Narayan／चाँगुनारायण मन्दिर

カトマンズ盆地にあって、スワヤンブナートの丘と対置するようにそびえるチャングの丘。この丘にはヴィシュヌ神の化身と見られるナラヤン神がまつられていて、ネパール・ヴィシュヌ派最高の聖地となっている（世界遺産にも指定されている）。境内には5世紀ごろの彫刻が残るほか、ヴィシュヌ神、シヴァ神、観音菩薩などをまつる祠がいたるところに見られる（ヒンドゥー教のナラヤン神は、仏教徒からは観音菩薩として信仰されてきた）。現在の建物は1702年に再建されたもので、ナラヤン神への信仰は1500年以上続いている。

チャング・ナラヤンの芸術

チャング・ナラヤンにはネパールを代表する彫刻や石碑が見られ、なかでも9世紀ごろの『ガルーダに乗るヴィシュヌ神像』やネパールの史実で確認できる最初のリッチャヴィ朝の王による『マーナデーヴァ王の石碑』などが

知られる。『マーナデーヴァ王の石碑』は464年に建てられたもので、その当時からチャング・ナラヤンが聖地として信仰を集めていたことがわかる。

ナガルコット ★★☆
Nagarkot／नगरकोट

　カトマンズ盆地周縁の盆地稜線上に位置する「ヒマラヤの展望台」ナガルコット。空気が澄んだ日、標高2100mのこの地からはエベレストをはじめとするクーンブ・ヒマール、ロールワリン・ヒマール、ジュガール＝ランタン・ヒマール、そしてアンナプルナ・ヒマールにいたる大パノラマを望むことができる。とくに朝、マハデオポカリ山の展望台からは、朝日にそまる「白き神々の座」の神々しい様子を見ることができる。

Majiwaru
交わるふたつの文明

チベットとヒンドゥー、ふたつの文明のはざまにあって
ネパールはその交差点となってきた
グラデーションのように移ろいを見せる風土

世界でも類を見ない多様な国土

「山国」と見られるネパールの国土は、インド平原へ続く南部(タライ平原)の標高は100m程度で、そこから標高8000mの北部(ヒマラヤ)へとせりあがる。このような高度差をもつ国土は世界でも類がなく、多様な世界が広がっている。北部の高地では米が育たないばかりか、ヒンドゥー教徒の生活にかかせない沐浴のための水も確保できない。一方、チベット人の生活を支える乳製品を生み出すヤクは低地では順応できず、彼らの生活文化を維持することができない。このような事情から、ネパールでは高度に応じた異なる宗教や文化が見られる。

文明の十字路

ネパールには実に36以上の民族が暮らし、顔も文化も言語体系も異なるさまざまな民族がひとつの国を形成している。それらの民族集団は、大きくチベット・ビルマ語族(ネワール族、マガル族、グルン族など)と、インド・アーリア語族(バフン、チェットリ、インド系移民など)に分類でき、前者がおも

に標高800〜3000mの高地に住むのに対して、後者は標高100〜1800mの低地に暮らす。農耕、牧畜、交易などが環境にあわせて糧とされ、低地ではヒンドゥー文化、高地ではチベット文化に生活を適応させている。

混淆する宗教

　ネパールでは国民の大部分がヒンドゥー教を信仰しているほか、街のいたるところに仏教のストゥーパや祠が見られる(また北部の山岳地帯ではチベット仏教が信仰されている)。これら異なる宗教や寺院に対して、違和感なく礼拝するのがネパール人の特徴だと言われ、それは神仏をともにあがめる日本人の感性との共通点だと指摘される。絶えることなく侵入者が訪れたインドと違って、山国ネパールではインドでは途絶えてしまったサンスクリット文化の伝統が残っていて、それらはヒマラヤ山麓の自然や大地と見事に調和している。

子どもたちの遊び、どこか懐かしさを感じる

トレッキングの最中に見た山小屋

参考文献

『ネパール』(トニー・ハーゲン/白水社)
『ネパール・カトマンズの都市ガイド』(宮脇檀・中山繁信/建築知識)
『NHKアジア古都物語カトマンズ』(NHK出版)
『ヒマラヤの「正倉院」カトマンズ盆地』(石井溥/山川出版社)
『ネパールを知るための60章』((社)日本ネパール協会/明石書店)
『もっと知りたいネパール』(石井溥/弘文堂)
『アジア読本ネパール』(石井溥/河出書房新社)
『ネパール全史』(佐伯和彦/明石書店)
『世界山岳地図集成ヒマラヤ編』(学習研究社)
『世界大百科事典』(平凡社)

まちごとパブリッシングの旅行ガイド
Machigoto INDIA , Machigoto ASIA , Machigoto CHINA

北インド-まちごとインド

- 001　はじめての北インド
- 002　はじめてのデリー
- 003　オールド・デリー
- 004　ニュー・デリー
- 005　南デリー
- 012　アーグラ
- 013　ファテープル・シークリー
- 014　バラナシ
- 015　サールナート
- 022　カージュラホ
- 032　アムリトサル

- 016　アジャンタ
- 021　はじめてのグジャラート
- 022　アーメダバード
- 023　ヴァドダラー（チャンパネール）
- 024　ブジ（カッチ地方）

東インド-まちごとインド

- 002　コルカタ
- 012　ブッダガヤ

西インド-まちごとインド

- 001　はじめてのラジャスタン
- 002　ジャイプル
- 003　ジョードプル
- 004　ジャイサルメール
- 005　ウダイプル
- 006　アジメール（プシュカル）
- 007　ビカネール
- 008　シェカワティ
- 011　はじめてのマハラシュトラ
- 012　ムンバイ
- 013　プネー
- 014　アウランガバード
- 015　エローラ

南インド-まちごとインド

- 001　はじめてのタミルナードゥ
- 002　チェンナイ
- 003　カーンチプラム
- 004　マハーバリプラム
- 005　タンジャヴール
- 006　クンバコナムとカーヴェリー・デルタ
- 007　ティルチラパッリ
- 008　マドゥライ
- 009　ラーメシュワラム
- 010　カニャークマリ
- 021　はじめてのケーララ
- 022　ティルヴァナンタプラム
- 023　バックウォーター（コッラム～アラップーザ）

024 コーチ（コーチン）
025 トリシュール

006 ムルタン

ネパール-まちごとアジア

001 はじめてのカトマンズ
002 カトマンズ
003 スワヤンブナート
004 パタン
005 バクタプル
006 ポカラ
007 ルンビニ
008 チトワン国立公園

イラン-まちごとアジア

001 はじめてのイラン
002 テヘラン
003 イスファハン
004 シーラーズ
005 ペルセポリス
006 パサルガダエ（ナグシェ・ロスタム）
007 ヤズド
008 チョガ・ザンビル（アフヴァーズ）
009 タブリーズ
010 アルダビール

バングラデシュ-まちごとアジア

001 はじめてのバングラデシュ
002 ダッカ
003 バゲルハット（クルナ）
004 シュンドルボン
005 プティア
006 モハスタン（ボグラ）
007 パハルプール

北京-まちごとチャイナ

001 はじめての北京
002 故宮（天安門広場）
003 胡同と旧皇城
004 天壇と旧崇文区
005 瑠璃廠と旧宣武区
006 王府井と市街東部
007 北京動物園と市街西部
008 頤和園と西山
009 盧溝橋と周口店
010 万里の長城と明十三陵

パキスタン-まちごとアジア

002 フンザ
003 ギルギット（KKH）
004 ラホール
005 ハラッパ

天津-まちごとチャイナ

001　はじめての天津
002　天津市街
003　浜海新区と市街南部
004　薊県と清東陵

上海-まちごとチャイナ

001　はじめての上海
002　浦東新区
003　外灘と南京東路
004　淮海路と市街西部
005　虹口と市街北部
006　上海郊外（龍華・七宝・松江・嘉定）
007　水郷地帯（朱家角・周荘・同里・甪直）

河北省-まちごとチャイナ

001　はじめての河北省
002　石家荘
003　秦皇島
004　承徳
005　張家口
006　保定
007　邯鄲

江蘇省-まちごとチャイナ

001　はじめての江蘇省
002　はじめての蘇州
003　蘇州旧城
004　蘇州郊外と開発区
005　無錫
006　揚州
007　鎮江
008　はじめての南京
009　南京旧城
010　南京紫金山と下関
011　雨花台と南京郊外・開発区
012　徐州

浙江省-まちごとチャイナ

001　はじめての浙江省
002　はじめての杭州
003　西湖と山林杭州
004　杭州旧城と開発区
005　紹興
006　はじめての寧波
007　寧波旧城
008　寧波郊外と開発区
009　普陀山
010　天台山
011　温州

福建省-まちごとチャイナ

001　はじめての福建省
002　はじめての福州
003　福州旧城
004　福州郊外と開発区
005　武夷山

006 泉州
007 廈門
008 客家土楼

広東省-まちごとチャイナ

001 はじめての広東省
002 はじめての広州
003 広州古城
004 天河と広州郊外
005 深圳（深セン）
006 東莞
007 開平（江門）
008 韶関
009 はじめての潮汕
010 潮州
011 汕頭

遼寧省-まちごとチャイナ

001 はじめての遼寧省
002 はじめての大連
003 大連市街
004 旅順
005 金州新区
006 はじめての瀋陽
007 瀋陽故宮と旧市街
008 瀋陽駅と市街地
009 北陵と瀋陽郊外
010 撫順

重慶-まちごとチャイナ

001 はじめての重慶
002 重慶市街
003 三峡下り（重慶～宜昌）
004 大足
005 重慶郊外と開発区

四川省-まちごとチャイナ

001 はじめての四川省
002 はじめての成都
003 成都旧城
004 成都周縁部
005 青城山と都江堰
006 楽山
007 峨眉山
008 九寨溝

香港-まちごとチャイナ

001 はじめての香港
002 中環と香港島北岸
003 上環と香港島南岸
004 尖沙咀と九龍市街
005 九龍城と九龍郊外
006 新界
007 ランタオ島と島嶼部

マカオ-まちごとチャイナ

001 はじめてのマカオ
002 セナド広場とマカオ中心部
003 媽閣廟とマカオ半島南部
004 東望洋山とマカオ半島北部
005 新口岸とタイパ・コロアン

009 バスに揺られて「自力で保定」
010 バスに揺られて「自力で清東陵」
011 バスに揺られて「自力で潮州」
012 バスに揺られて「自力で汕頭」
013 バスに揺られて「自力で温州」
014 バスに揺られて「自力で福州」
015 メトロに揺られて「自力で深圳」

Juo-Mujin（電子書籍のみ）

Juo-Mujin香港縦横無尽
Juo-Mujin北京縦横無尽
Juo-Mujin上海縦横無尽
Juo-Mujin台北縦横無尽
見せよう! 上海で中国語
見せよう! 蘇州で中国語
見せよう! 杭州で中国語
見せよう! デリーでヒンディー語
見せよう! タージマハルでヒンディー語
見せよう! 砂漠のラジャスタンでヒンディー語

自力旅游中国Tabisuru CHINA

001 バスに揺られて「自力で長城」
002 バスに揺られて「自力で石家荘」
003 バスに揺られて「自力で承徳」
004 船に揺られて「自力で普陀山」
005 バスに揺られて「自力で天台山」
006 バスに揺られて「自力で秦皇島」
007 バスに揺られて「自力で張家口」
008 バスに揺られて「自力で邯鄲」

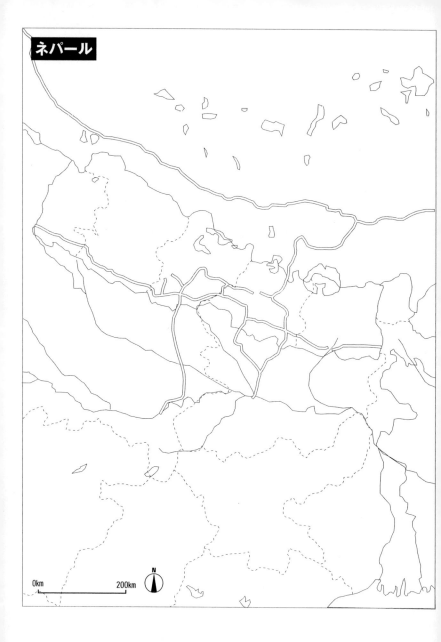

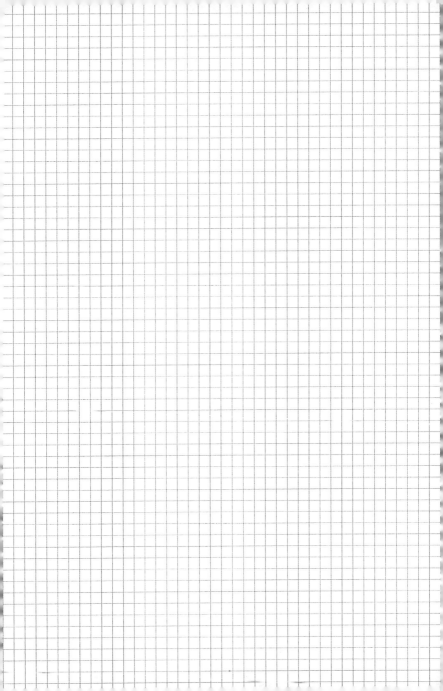

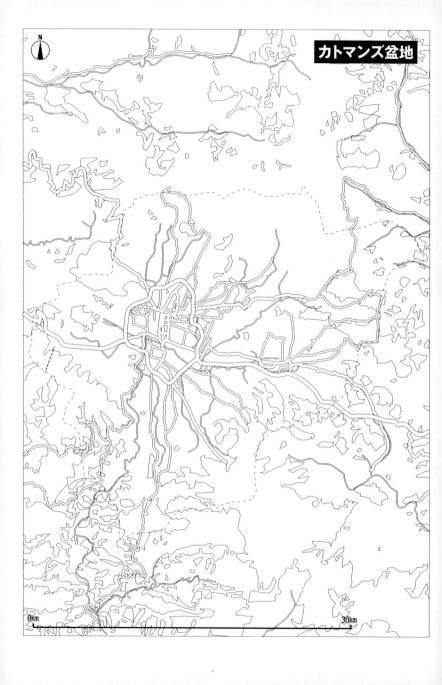

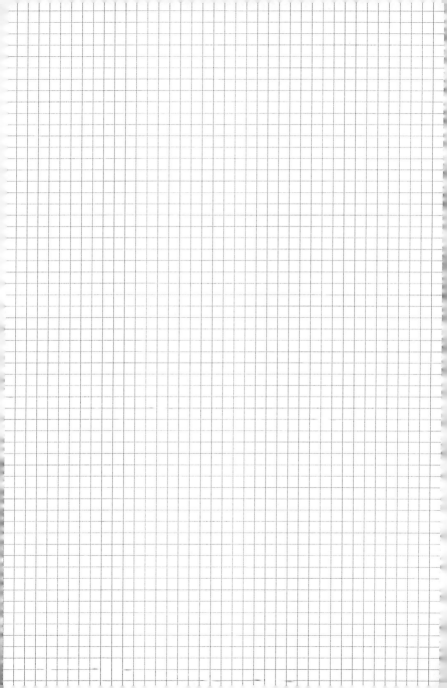

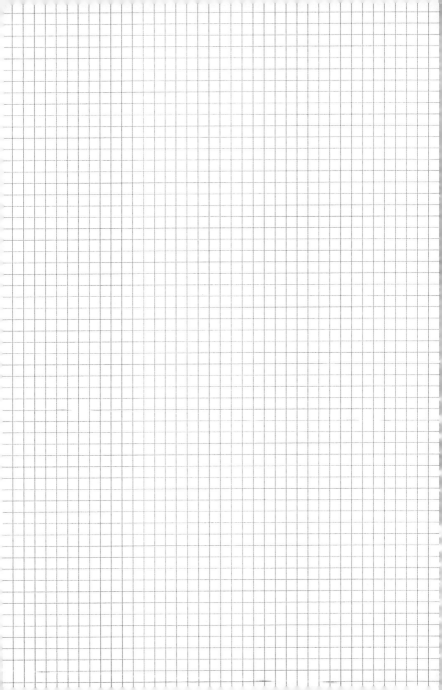

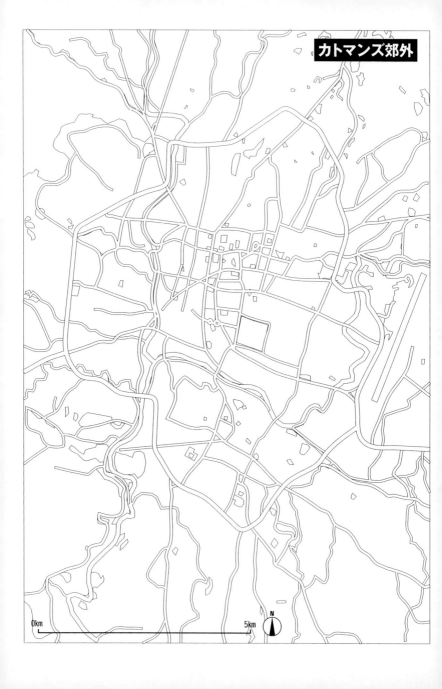

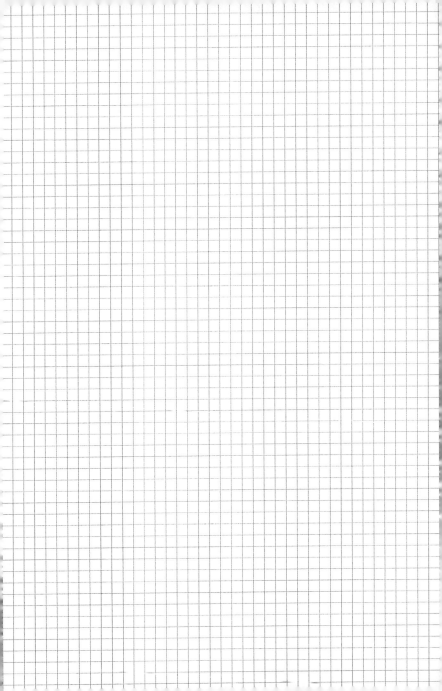

スワンプナート

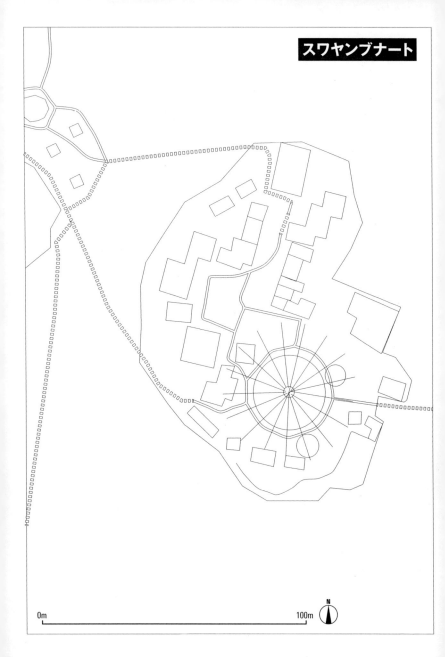

0m 100m

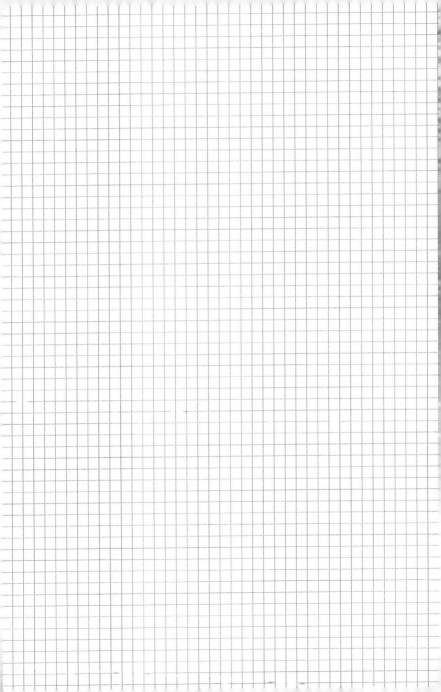

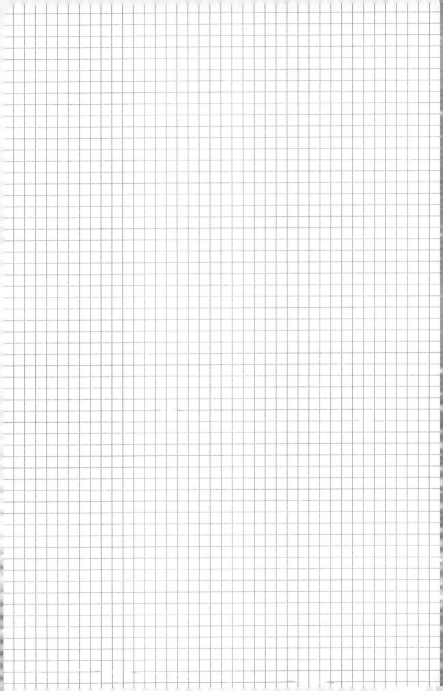

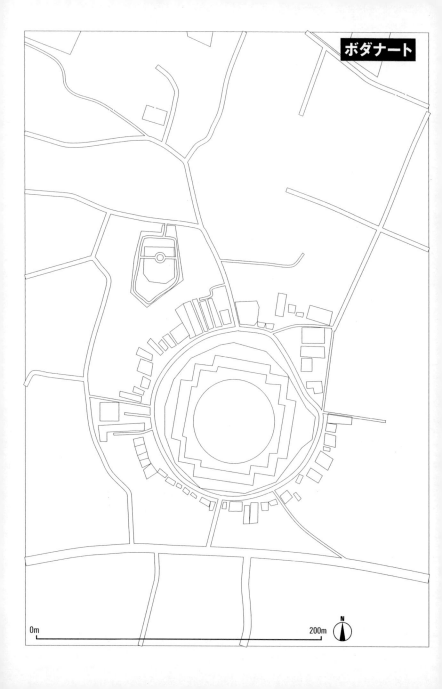

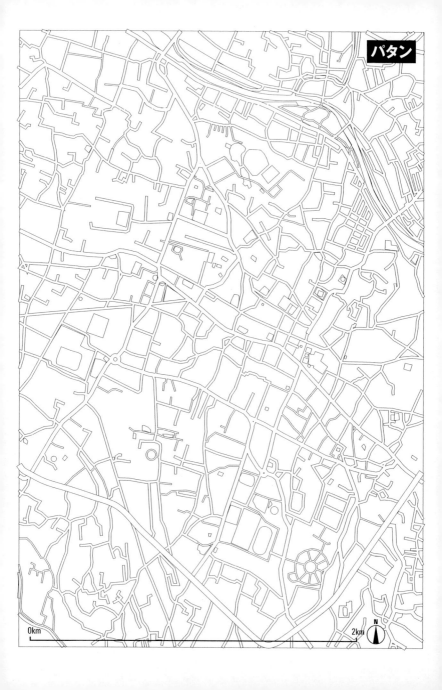

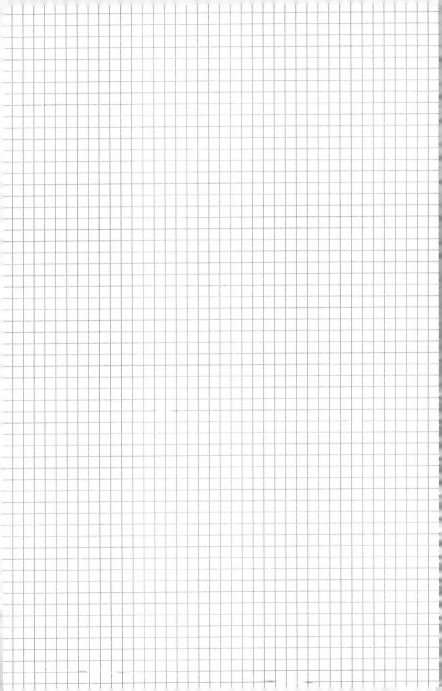

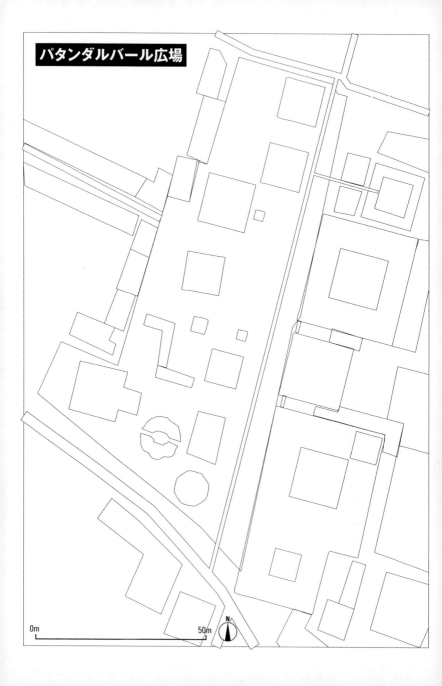

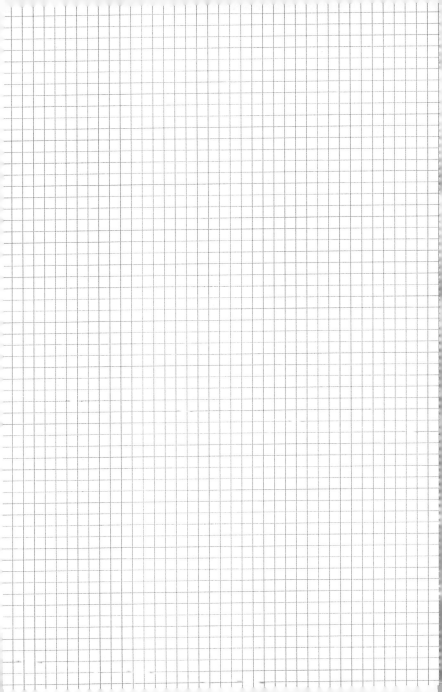

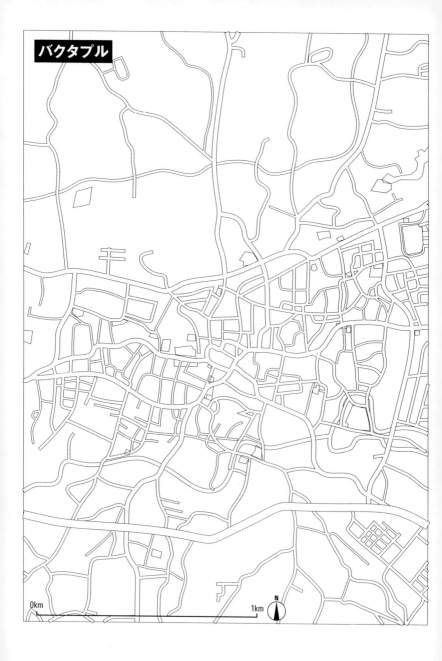

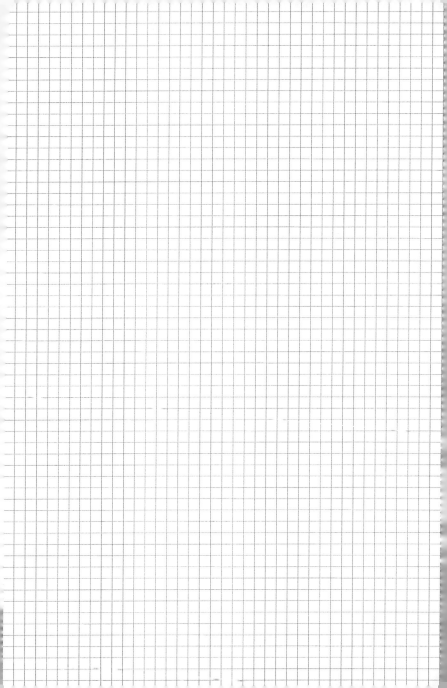

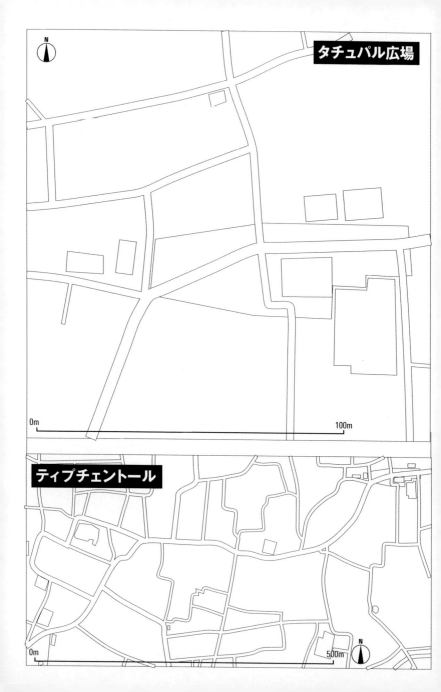

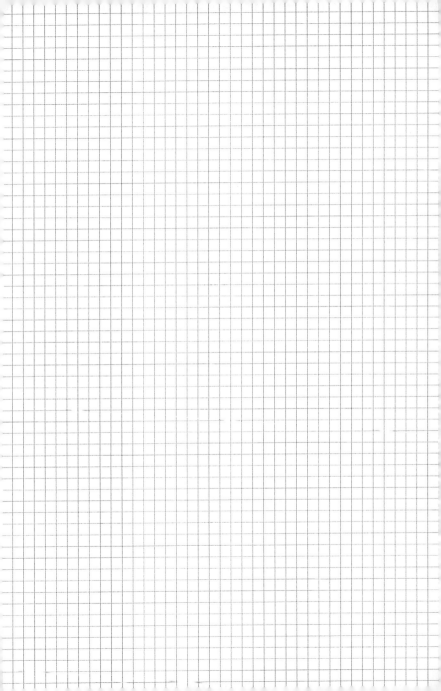

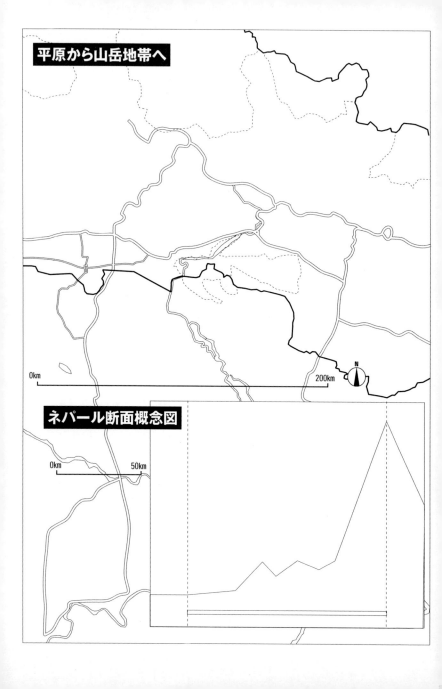

【車輪はつばさ】
南インドのアイラヴァテシュワラ寺院には
建築本体に車輪がついていて
寺院に乗った神さまが
人びとの想いを運ぶと言います

An amazing stone wheel of the Airavatesvara Temple
in the town of Darasuram, near Kumbakonam in the South India

まちごとアジア
ネパール 001

はじめてのカトマンズ
ナマステ! カトマンズ
[モノクロノートブック版]

「アジア城市(まち)案内」制作委員会
まちごとパブリッシング
http://machigotopub.com

- 本書はオンデマンド印刷で作成されています。
- 本書の内容に関するご意見、お問い合わせは、発行元の
  まちごとパブリッシング info@machigotopub.com までお願いします。

まちごとアジア
新版 ネパール001はじめてのカトマンズ
〜ナマステ！カトマンズ

2019年 11月12日　発行

著　者	「アジア城市（まち）案内」制作委員会
発行者	赤松　耕次
発行所	まちごとパブリッシング株式会社 〒181-0013　東京都三鷹市下連雀4-4-36 URL http://www.machigotopub.com/
発売元	株式会社デジタルパブリッシングサービス 〒162-0812　東京都新宿区西五軒町11-13 清水ビル3F
印刷・製本	株式会社デジタルパブリッシングサービス URL http://www.d-pub.co.jp/

MP226

ISBN978-4-86143-374-0 C0326　　　Printed in Japan
本書の無断複製複写（コピー）は、著作権法上での例外を除き、禁じられています。